Leo Litke

Die Genese von Wissen in einem Sozialismusmodell partizipatorischer Planung

Bachelor + Master
Publishing

Litke, Leo: Die Genese von Wissen in einem Sozialismusmodell partizipatorischer Planung, Hamburg, Diplomica Verlag GmbH 2012

Originaltitel der Abschlussarbeit: Die Genese von Wissen in einem Sozialismusmodell partizipatorischer Planung

ISBN: 978-3-86341-367-5
Druck: Bachelor + Master Publishing, ein Imprint der Diplomica® Verlag GmbH, Hamburg, 2012
Zugl. Universität Passau, Passau, Deutschland, Bachelorarbeit, 2010

Bibliografische Information der Deutschen Nationalbibliothek:
Die Deutsche Nationalbibliothek verzeichnet diese Publikation in der Deutschen Nationalbibliografie; detaillierte bibliografische Daten sind im Internet über http://dnb.d-nb.de abrufbar.

Die digitale Ausgabe (eBook-Ausgabe) dieses Titels trägt die ISBN 978-3-86341-867-0 und kann über den Handel oder den Verlag bezogen werden.

Dieses Werk ist urheberrechtlich geschützt. Die dadurch begründeten Rechte, insbesondere die der Übersetzung, des Nachdrucks, des Vortrags, der Entnahme von Abbildungen und Tabellen, der Funksendung, der Mikroverfilmung oder der Vervielfältigung auf anderen Wegen und der Speicherung in Datenverarbeitungsanlagen, bleiben, auch bei nur auszugsweiser Verwertung, vorbehalten. Eine Vervielfältigung dieses Werkes oder von Teilen dieses Werkes ist auch im Einzelfall nur in den Grenzen der gesetzlichen Bestimmungen des Urheberrechtsgesetzes der Bundesrepublik Deutschland in der jeweils geltenden Fassung zulässig. Sie ist grundsätzlich vergütungspflichtig. Zuwiderhandlungen unterliegen den Strafbestimmungen des Urheberrechtes.

Die Wiedergabe von Gebrauchsnamen, Handelsnamen, Warenbezeichnungen usw. in diesem Werk berechtigt auch ohne besondere Kennzeichnung nicht zu der Annahme, dass solche Namen im Sinne der Warenzeichen- und Markenschutz-Gesetzgebung als frei zu betrachten wären und daher von jedermann benutzt werden dürften.

Die Informationen in diesem Werk wurden mit Sorgfalt erarbeitet. Dennoch können Fehler nicht vollständig ausgeschlossen werden, und die Diplomarbeiten Agentur, die Autoren oder Übersetzer übernehmen keine juristische Verantwortung oder irgendeine Haftung für evtl. verbliebene fehlerhafte Angaben und deren Folgen.

© Bachelor + Master Publishing, ein Imprint der Diplomica® Verlag GmbH
http://www.diplom.de, Hamburg 2012
Printed in Germany

Inhalt

I.	Abbildungsverzeichnis	2
II.	Abkürzungsverzeichnis	3
1.	**Motivation und Fragestellung**	**4**
2.	**Vorgeschichte der Wirtschaftsrechungsdebatte**	**8**
3.	**Zwei Hypothesen über Information und Wissen**	**12**
	3.1. Die These von Lange	12
	3.2. Die Antithese von Hayek	16
4.	**Partizipatorische Planung**	**19**
	4.1. Überblick über das Modell von Adaman & Devine	19
	4.2. Die Genese von Informationen und Wissen	28
	4.3. Kritik und Antikritik	31
5.	**Schlusswort**	**37**
IV.	Literaturverzeichnis	42
V.	Internetquellenverzeichnis	44

I. Abbildungsverzeichnis

Abbildung 1.
Gleichgewicht im „marktsozialistischen" Modell von Lange   S. 14

Abbildung 2
Stilisiertes Schema der Koordination über Märkte und über
„partizipatorische Planung"   S. 20

Abbildung 3
Zielkonflikt im Marktsozialismus   S. 22

Abbildung 4
Preisbildung auf Betriebsebene   S. 26

Abbildung 5
Informationen nach Adaman & Devine   S. 29

Abbildung 6
Inkonsistente Teilpläne bei Marktkoordination und
widerspruchsfreie Teilpläne bei Plankoordination   S. 36

II. Abkürzungsverzeichnis

Abb.	Abbildung
bzgl.	bezüglich
d.h.	das heißt
&	und
s.o.	siehe oben
sog.	so genannt
usw.	und so weiter
v.a.	vor allem
z.B.	zum Beispiel

Abstract:

Die Arbeit greift die Diskussion über die ökonomische Durchführbarkeit des Sozialismus aus dem 20. Jahrhundert auf und stellt das Modell eines partizipatorischen Wirtschaftssystems von Adaman & Devine in den Kontext dieser Diskussion. Die Arbeit argumentiert gegen eine partizipatorische Wirtschaft auf Grundlage dieses Modells, da in einem solchen Wirtschaftssystem erhebliche Probleme bei Entstehung und Verarbeitung von Informationen gesehen werden.

1. Motivation und Fragestellung

> *"Du verstehst, my dear fellow, daß in einem Werke wie meinem, manche shortcomings im Détail existieren müssen."*
> (Marx 1866: 183)

Karl Marx gestand in seinem Brief an Friedrich Engels, dass er in seinem Londoner Exil eine detaillierte Ausarbeitung der sozialistischen Idee nicht vollbringen könnte. So beschäftigen sich seit dem 19. Jahrhundert unter anderen auch Ökonomen mit Fragen der Gestaltung und der Funktionsweise einer Wirtschaft, die nicht auf dem Privateigentum von Kapitalgütern und einer ausschließlichen Koordination über Märkte beruhen sollte. Im Zuge der sog. „Wirtschaftsrechnungsdebatte", der Diskussion über die grundsätzliche wirtschaftstheoretische Möglichkeit des Sozialismus, entstanden sowohl zahlreiche Modelle eines solchen Wirtschaftssystems, als auch theoretische Kritiken des Sozialismus. Jedes von diesen Modellen hat auf seine Weise versucht auf grundlegenden ökonomischen Konzepten Aussagen über die Gestalt und Funktionsweise einer sozialistischen Wirtschaft aufzubauen. Die Fragestellung dieser Arbeit jedoch wird durch das „Umgekehrte" motiviert. Denn durch die Beschäftigung mit einem modernen Sozialismusmodell soll nicht etwa ein zukünftiges ökonomisches Experiment des Verfassers auf eine theoretische Grundlage gestellt werden. Vielmehr wird durch das Kennenlernen von anderen Perspektiven auf die Marktwirtschaft in Verbindung mit theoretischen Beiträgen von zwei Sozialismuskritikern (Hayek und Hodgson) ein besseres allgemeines Bild des marktwirtschaftlichen Systems erhofft.

a) Fragestellung

Der Kern des Widerstreits zwischen Sozialismus und Kapitalismus wird oft in einem Gegensatz zwischen Plan und Markt gesehen. Dies kann aber irreführen, da es Pläne in allen Wirtschaftssystemen gibt. Das Problem scheint eher darin zu liegen, wie die unausweichlich verschiedenen Pläne unterschiedlicher Akteure aufeinander ohne Zwist und Unordnung abgestimmt werden sollen. (Hodgson 1998: 407) Wenn man der Lösung dieses Problems näher kommen möchte, erscheint es angebracht sich mit Information und Wissen in der Wirtschaft zu beschäftigen.

In dieser Arbeit wird ein „partizipatorisches" Sozialismusmodell unter dem Aspekt der Genese von Information und Wissen untersucht. Der Begriff „Genese" (griech.: „Ursprung") ist gewählt, um anzudeuten, dass der Mensch nicht immer im Klaren darüber ist, wie das, was er für Informationen und Wissen hält, entsteht. Denn „Genese" lässt offen, ob er nun das Wissen, das bereits gegeben und in der Welt zerstreut ist, finden, „aufsammeln", ordnen und auswerten könne oder, ob es erst in seinem Kopf entsteht oder, ob man mit Symbolen der Sprache und der Mathematik sämtliches menschliches Wissen aufschreiben könne. Das beschäftigt viele Wissenschaften und kann in dieser Arbeit nicht in aller Grundsätzlichkeit erörtert werden. Die Fragen, um die es in dieser Arbeit geht, sind:

- Welche Vorstellung über die Genese des Wissens liegt diesem „partizipatorischen" Modell zugrunde? Kann das Modell der Sozialismuskritik der Österreichischen Schule (in der Tradition Hayeks) widerstehen?

- Unterscheidet sich das „partizipatorische" Modell wesentlich vom Marktsozialismus oder laufen beide Modelle auf dasselbe Ergebnis hin?

Und schließlich:
- Handelt es sich bei der „partizipatorischen Planung" um ein **faktisches** Zentralplanungsmodell?

Aspekte der genauen Funktionsweise der im „partizipatorischen" Modell vorgesehener Institutionen, eines möglichen Übergangs zu einem „partizipatorischen" Wirtschaftssystem, sowie des makroökonomischen Gleichgewichts können trotz ihrer Bedeutung für ein grundlegendes Verständnis dieses Modells im Rahmen der oberen Fragestellungen nicht behandelt werden.

Die Beantwortung der Fragestellung soll – mit Einschränkungen – ein allgemeines Urteil über das Potential moderner Modelle partizipatorisch-sozialistischer Wirtschaftssysteme erlauben können. Im Allgemeinen wird ein fundiertes Verständnis der Koordination des Wirtschaftsprozesses durch das Wissen seiner Akteure erwartet. Auf der Grundlage dieses Verständnisses soll das zukünftige ökonomische Potential der sozialistischen Idee abschätzbar sein können.

Die Untersuchung stützt sich auf theoretische Literaturvorarbeiten in referierten Monografien und Fachzeitschriften sowie auf Internetquellen.

b) Wichtige Begriffe

„**Information**" und „**Wissen**" werden in dieser Arbeit synonym verwendet. Untersucht und kritisiert wird ein sozialistisches *Modell*[1], nicht die sozialistische *Idee* als Ganzes. „**Sozialismus**" meint eine Wirtschaft mit keiner oder geringer Bedeutung der Märkte.

„**Zentralplanwirtschaft**"/"**Zentralplanungsmodell**"/„**Zentralplanung**", sind damit als Reinformen *ganz ohne* Markt definitorisch enger gefasste Unterbegriffe vom „Sozialismus". Als „**Kapitalismus**" wird eine Wirtschaft bezeichnet, die auf Märkten beruht. Der Begriff wird synonym mit „**Marktwirtschaft**" verwendet. All diese Definitionen gehen an Formen wirtschaftlichen Eigentums vorbei, da Aspekte der Gestaltung der Eigentumsformen in einem sozialistischen System für diese Arbeit nicht zentral sind.

„**Koordination**" dient als Sammelbegriff, der sowohl die Allokation *gegebener* Kapazitäten als auch die Investition in *neue* Kapazitäten zusammenfasst. Anders ausgedrückt, umschreibt er allgemein wirtschaftliche Lenkungsprozesse. Ebenso ein Sammelbegriff ist „**Kapazitäten**". Er fasst vorhandene Bestände genussreifer Güter, alle Zwischenprodukte, Rohstoffe und Produktionsanlagen zusammen; meint also die Gesamtheit aller physischen ökonomischen Potentiale. Der Begriff „**Kapitalgüter**" soll alle Produktionsanlagen und Werkzeuge eingrenzen.

„**ex ante**" meint eine Beurteilung aus vorheriger Sicht. „**ex post**" meint eine Beurteilung aus nachträglicher Sicht. „**Empirizistisch**" meint die Auffassung, dass Informationen und Wissen grundsätzlich *gegeben* sind und in der Welt zerstreut; können also von ökonomischen Akteuren aufgelesen, mit Symbolen der Sprache oder der Mathematik kodiert, geordnet und ausgewertet werden.

---

[1] Mit *Kursivschrift* werden besonders bedeutungstragende Begriffe in einem Satz versehen.

2. Vorgeschichte der Wirtschaftsrechungsdebatte

> *„It would be a mistake to believe that the calculation debate has ended."*
> (Kirzner 1988: 16)

Die Wirtschaftsrechungsdebatte begann in der ersten Hälfte des 20. Jahrhunderts mit bedeutenden Beiträgen der Ökonomen der sog. Österreichischen Schule.

a) Österreichische Schule

Die Österreichische Denkschule nimmt eine herausragende Stellung in der Geschichte der Wirtschaftsrechnungsdebatte ein. Denn wie keine andere ökonomische Denkströmung, schärfte sie ihr Profil durch die ständige Kritik der sozialistischen Idee, die in Theorie und Praxis während des 20. Jahrhunderts populär war. (Kirzner 1988: 1) Insgesamt wichtig für das Verständnis der österreichischen Sozialismuskritik ist ihre Überzeugung, dass Sozialismus *de facto nur* eine Zentralplanwirtschaft sein könne. Selbst diejenigen Sozialismusmodelle, die dezentrale Planung und/oder Märkte in welcher Form auch immer nicht verwerfen, sind aus Sicht der Österreicher faktische Zentralplanungsmodelle. Diese Sichtweise ist zum Verständnis der Analyse und der Kritik der Genese des Wissens im Sozialismusmodell „partizipatorischer Planung" von großer Bedeutung. Warum die „Österreicher" diese Überzeugung teilen, wird nach der Vorstellung der *wichtigsten* informationsökonomischen Thesen eines der bekanntesten österreichischen Sozialismuskritiker, Friedrich August von Hayek, klar werden.

b) Sozialismus als Bewertungsproblem

Der Österreicher Ludwig von Mises warf 1920 als Erster die Frage auf, ob und wie in einem Wirtschaftssystem mit fehlenden oder an den Rand gedrängten Märkten der Erfolg ökonomischer Tätigkeit bestimmt werden könnte. Er war es auch, der den Begriff der „Wirtschaftsrechnung" einführte und argumentierte, dass diese in einem sozialistischen Gemeinwesen im Vergleich zu der in einer Marktwirtschaft *unvollständig* wäre. Mises sah die sozialistische Ökonomie einer rationalen Wirtschaftlichkeitsrechnung beraubt, da sich in ihr keine Marktpreise bilden könnten. Diese würden unter marktwirtschaftlichen Bedingungen als Inputs in eine kaufmännische Betriebsrechnung eingehen, um den Erfolg[2] ökonomischen Handelns zu bestimmen und auf seiner Grundlage für die Zukunft planen zu können. Unter Bedingungen des sozialistischen Gemeineigentums sei eine solche Rechnung v.a. wegen fehlender Preise für Kapitalgüter nicht aufstellbar, sodass ein allgemeines Bewertungsproblem aller Güter im Sozialismus unüberwindbar sei. Eine rationale Wirtschaftsrechnung im Sozialismus sei damit unmöglich. (Mises 1920) Die Argumentation von Mises wird im weiteren Verlauf nicht tiefer ausgeführt werden, da sie sich von der Fragestellung der Arbeit entfernt.

Exkurs: Neoklassische Schule

Um das Fortschreiten der Wirtschaftsrechnungsdebatte zu verstehen, muss die Vorstellung der sog. „Neoklassischen Schule" bzgl. der Genese von Information und Wissen kurz skizziert werden. Den Neoklassikern geht es insgesamt darum Grundsätze ökonomischer Effizienz unter idealtypischen Bedingungen, dass vollständige Informationen allen Akteuren gegeben sind,

---

[2] Hinweis: der Erfolg einer kaufmännischen Gewinn- und Verlustrechnung ist ein Begriff aus dem buchhalterischen Fachjargon und kann auch negativ sein.

aufzuzeigen. Diese stark vereinfachende Annahme dient z.B. dazu die *grundsätzliche* Rolle der Relativpreise auf das Entscheidungsverhalten zu erklären. (Furubotn/Richter 2003: 1) Die Relativpreise werden als *Knappheitsparameter* angesehen, mit deren Hilfe Angebot und Nachfrage auf *allen* Märkten übereinstimmen sollen. Die Neoklassiker sprechen dabei von *Markträumung*. (Leschke/Sauerland 2007: 45) Wenn Relativpreise nicht für ein Gleichgewicht zwischen Angebot und Nachfrage sorgen könnten, wären sie damit als Knappheitsparameter unbrauchbar.

Beispiel: In einer Welt der vollständigen Information gebe es 2 Tomaten, 4 Karotten und 6 Kartoffeln.

Relativpreise	Tomate	Karotte	Kartoffel
Tomate	1	2/4	2/6
Karotte	4/2	1	4/6
Kartoffel	6/2	6/4	1

Die Relativpreise sind also:

I. Preis für 1 Tomate = 2 Karotten = 3 Kartoffeln
II. Preis für 1 Karotte = ½ Tomate = 1 ½ Kartoffeln
III. Preis für 1 Kartoffel = 1/3 Tomate = 2/3 Karotte

Alle drei Gleichungen sind äquivalent und stellen die Bedingung für *Markträumung* dar. Diese Relativpreise würden sich aber nur dann in dieser Welt einstellen, wenn alle wüssten, dass es 2 Tomaten, 4 Karotten und 6 Kartoffeln gibt.[3] Der Neoklassischen Schule liegt also eine *empirizistische* Vorstellung von der Genese ökonomischen Wissens zugrunde. D.h. das Wissen sei vollständig gegeben in der Außenwelt und müsse von den Akteuren nur „entdeckt" werden.

---

[3] Von anderen Annahmen der Neoklassischen Schule wird hier abgesehen, da die Darstellung nur das bessere Verständnis des nächsten Abschnitts der Arbeit vorbereiten soll.

> Diese Vorstellung spielt für die Wirtschaftsrechnungsdebatte und die Analyse des Modells partizipatorischer Planung eine große Rolle:
>
> "The [neoclassical] conditions, being simply technical requirements, contain no ideological implications. They apply equally to capitalism, **socialism**, or any other "ism." (Lancaster 1969: 276; Hervorhebung hinzugefügt)

c) *Marktsozialismus*

Der Pole Oskar Lange, ein sozialistisch orientierter Ökonom, nahm die Kritik von Mises ernst und argumentierte 1936, dass eine sozialistische Ökonomie das Bewertungsproblem sehr wohl lösen könne. Er schlug ein Modell einer fiktiven sozialistischen Wirtschaft vor, in dem Marktpreise „simuliert" werden sollen, um auf diese Weise die erhofften Vorteile einer vergemeinschafteten Wirtschaft mit den vermeintlichen Effizienzeigenschaften des Kapitalismus zu verbinden. Damit hatte Lange die Idee des sog. „Marktsozialismus" begründet. Die Vorstellung über die Genese des Wissens in seinem Modell übernahme Lange aus der neoklassischen Theorie. (Lange 1936) Das wird an einer späteren Stelle ausführlicher diskutiert.

d) *Informationsbasierte Kritik*

Der Österreicher Friedrich August von Hayek antwortete mit seinen Essays zwischen 1937 und 1948 auf Langes Beitrag. Er argumentierte, dass in einer Ökonomie, die nicht auf Marktbeziehungen beruhe, keinerlei Möglichkeit bestehe irgendeine *wahre* Information darüber zu generieren, was, wie, wo, wie viel und für wen produziert werden soll. Dieser Ansatz schließt nicht aus, dass Menschen aus altruistischen Motiven den Willen mitbringen könnten eine Ökonomie bewusst aufzubauen. Nur könnten sie es nicht erreichen. (Hayek 1937, 1945, 1948) Diese These wird an einer späteren Stelle ausführlicher diskutiert. Seine Kritik spielt für die Analyse der Genese des Wissens im Modell partizipatorischer Planung von Devine eine entscheidende Rolle.

e) Koordinationsproblem in der Marktwirtschaft
Der Brite Maurice Dobb, ebenso wie Lange ein sozialistisch orientierter Ökonom, argumentierte 1969, dass die Marktwirtschaft ein inhärentes Koordinationsproblem habe. Dass einzelne Akteure mit jeweils sehr beschränktem Wissen einen eingeschränkten Planungshorizont hätten, führe zur Unsicherheit, die für die „Kurzsichtigkeit" des Kapitalismus verantwortlich sei. Eine effiziente Koordination der Kapazitäten *ex ante* sei damit im Kapitalismus nicht möglich. (Dobb 1969: 148)

3. Zwei Hypothesen über Information und Wissen

Im Folgenden werden die zugrunde liegenden Vorstellungen über die Genese vom ökonomischen Wissen von Lange, dem Begründer des „Marktsozialismus" einerseits und von Hayek, des Vertreters der Österreichischen Schule andererseits, in ihren *wichtigsten* Anhaltspunkten vorgestellt, um die Untersuchung des Modells „partizipatorischer Planung" vorzubereiten.

3.1. Die These von Lange

a) Überblick über das „marktsozialistische" Modell von Lange
Das Modell von Lange beruht auf Staatseigentum der Kapitalgüter. Das Wirtschaftssystem, das Lange vorschlägt, soll auf zweierlei Weise *zentral* koordiniert werden. Einerseits gibt es Betriebe mit Planungsautonomie. Diese sind in einzelne Wirtschaftszweige mit jeweiligen „Industrieministerien" an der Spitze zusammengefasst. Andererseits gibt es die „Zentrale Planungskomission" mit umfassenden Informationen über „Märkte", auf denen genussreife Güter und Dienstleistungen getauscht werden. Die Industrieministerien mit untergeordneten Betrieben koordinieren

die Höhe und Art des Outputs, während die Zentrale Planungskomission die Preise koordiniert. (Lange 1936: 62ff)

Die Zentrale kann nämlich einfach durch die Veränderung der Relativpreise Angebot und Nachfrage auf simulierten Märkten in Übereinstimmung bringen. Beobachtet die Zentrale bei einem Gut einen Mangel, erhöht sie seinen Preis. Beobachtet sie bei einem anderen Gut einen Überschuss, senkt sie den Preis. Sie würde damit, wie kapitalistische Unternehmer auch, die Methode von „Versuch und Irrtum" anwenden, damit es keinen übermäßigen Überschuss oder Mangel gibt. Da die Zentrale über vollständigere und umfassendere Informationen verfügt, würde ihr die *Markträumung* sogar schneller und besser gelingen als einzelnen Akteuren mit ihrem eingeschränkten *ex ante* Planungs- und Wissenshorizont unter echten marktwirtschaftlichen Bedingungen. (Lange 1936: 67) Die einzelnen Betriebe reagieren auf diese zentralen Preisanpassungen wie profitmaximierende kapitalistische Unternehmen: steigt der Preis für ihren Output (*kurzfristig*[4]), dehnen sie mit gegebenen Kapazitäten den Output aus. Sinkt der Preis (*kurzfristig*), verringern sie den Output. Die Industrieministerien würden, vergleichbar den Vorständen großer kapitalistischer Konzerne, *langfristige* strategische Entscheidungen treffen. Z.B. würden sie über die Höhe und die Art der Investitionen in ihrem Wirtschaftszweig entscheiden. Steigt der Preis für ihre Outputkategorie (*langfristig*), investieren sie in den Ausbau der Produktionsanlagen. Sinkt der Preis (*langfristig*), bauen sie die Anlagen um- oder ab. Auf diese beiden Weisen, durch Preiskoordination einerseits und Koordination der Höhe und Art

---

[4] Die Idee hinter der Unterscheidung zwischen der kurzen und der langen Frist hier ist, dass Betriebe ihren Output nicht auf Dauer mit gegebenen Kapazitäten ausdehnen können. Ohne Wartungsarbeiten an z.B. heißlaufenden Maschinen würden diese nach einer Weile verschleißen, was in Folge den Output verringern würde.

des Outputs andererseits, könnten Informationen über die Nachfrage schneller generiert werden. (Lange 1936: 62ff)

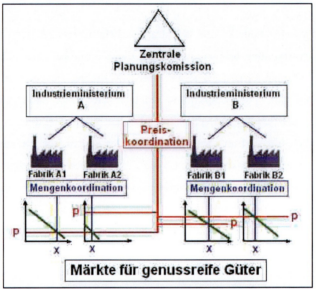

Abbildung 1. Gleichgewicht im „marktsozialistischen" Modell von Lange. P entspricht den Preisen, x den Mengen und grün der Nachfragekurve.

Die obere Darstellung veranschaulicht das Modell. Im Idealfall müsste die Nachfragekurve durch die Preis-/Mengenkoordinate gehen, damit das Angebot der Nachfrage bei markträumenden Preisen entspricht.

b) Die Genese von Wissen im „Marktsozialismus"

Für die spätere Analyse des Modells „partizipatorischer" Planung ist es wichtig die Vorstellung von Lange zu verstehen, wie die „marktsozialistische" Zentrale Daten über Preise generieren würde. Damit Relativpreise als Knappheitsparameter dienen könnten, mit dessen Hilfe Märkte geräumt werden, müssten sie von der Zentrale aus realen ökonomischen Gegebenheiten wie der Vorliebe für bestimmte ökonomische Ziele (Präferenzen) und den vorhandenen

Kapazitäten (Produktionsfaktoren) samt ihrer technischen Möglichkeiten (Produktionsfunktion) abgeleitet werden. (Lange 1936: 54) Die Präferenzen der Konsumenten seien z.B. Gewohnheiten über die Zusammensetzung ihres Warenkorbs, die der Industrieminister z.B. Vorlieben für bestimmte Betriebsgrößen und die Präferenzen der Zentrale selbst könnten Vorlieben für eine bestimmte relative Zusammensetzung des Inlandsprodukts sein. Die Zentrale würde nun einfach Daten zu Präferenzen, Produktionsfaktoren und -funktion sammeln und auf der Grundlage dieser Datenbasis mit dem Verfahren von „Versuch und Irrtum" Preise bestimmen und anschließend regelmäßig nachprüfen, ob diese Preise weiterhin *markträumend*[5] sind. (Lange 1936: 54f, 61) Dieser Idee liegt eine *empirizistische* Vorstellung von der Genese des Wissens zugrunde:

> „On the basis of **given** indices [...] [economic agents] make decisions according to certain principles. [...] The prices [...] are **determined** by the condition that the quantity demanded of each commodity is equal to the quantity supplied." (Lange 1936: 61; Hervorhebung hinzugefügt)

D.h. alle den ökonomische Entscheidungen zugrunde liegenden Informationen seien für die Akteure bereits *gegeben* und Preise auf Grundlage *dieser* empirischen Informationen würden logisch abgeleitet werden können.

Eine fraglose Akzeptanz dieser Vorstellung von Wissen und Information könnte sogar zum Gedanken führen, dass die Umsetzung der sozialistischen Idee *unter Effizienzaspekten* nicht nur möglich, sondern auch erwünscht wäre. Denn eine umfassende Wissensgenese durch zentrale Koordinationsstellen würde die ex ante Unsicherheit, die im Kapitalismus für Fehlallokationen und -investitionen verantwortlich sei, überwinden.

---

[5] Zur Markträumung vgl. S. 9f & S. 13

3.2. Die Antithese von Hayek

> „*I prefer true but imperfect knowledge, even if it leaves much indetermined and unpredictable, to a pretence of exact knowledge that is likely to be false.*"
> (Hayek 1974)

Für die spätere Analyse des Modells „partizipatorischer Planung" werden *nur* das Konzept des „unartikulierbaren Wissens" und die Vorstellung über die Rolle der Preise von Hayek erläutert. Die Ausführungen schließen mit der Gesamtschlussfolgerung Hayeks zum Sozialismus.

a) Unartikulierbares Wissen

Hayek bezweifelt die *empirizistische* Vorstellung der neoklassischen Schule und der Marktsozialisten, dass es in der Wirtschaft umfassendes Wissen gebe, das von einzelnen Akteuren oder von zentralen Koordinationsstellen aufgesammelt und als Entscheidungsgrundlage verwendete werden könne. Ein großer Teil des Wissens sei so spezifisch, dass selbst ein Individuum, mit dem dieses Wissen verknüpft ist, nicht sagen könne, warum er dieses Wissen habe. (Hayek 1937: 50ff) Z.B. könnten wir oft schwer sagen, warum uns ein Musikstück besser gefällt als ein anderer, obwohl beide Stücke etwa von demselben Maestro und nach derselben „Technik" komponiert seien. Oder seien wir uns oft unschlüssig darüber, warum wir heute ins Kino und morgen ins Schwimmbad gehen wollten. Dieses Wissen sei aber zur Aufstellung und Erfüllung der Wirtschaftspläne der Akteure unerlässlich. (Hayek 1937: 51) So sei z.B. der unternehmerische „Spürsinn der besonderen Ort- und Zeitumstände" seinem Wesen nach so unorganisiert und so spezifisch, ja persönlich und unartikulierbar[6], dass es nicht etwa von einem Wissenschaftler systematisiert werden könne. So besitze jedes Individuum praktisch einen Informationsvorteil vor anderen, weil er *sein eigenes unartikulierbares* Wissen hat. (Hayek 1945: 521f)

b) Preise als Kommunikationsmechanismus

Die Preise sind für Hayek nicht einfach nur Knappheitsparameter, mit denen die Allokation gegebener Kapazitäten erfolgen würde.[7] Preise seien „Abkürzungen" und „Symbole", mit deren Hilfe nur die *wichtigsten* Informationen zu denjenigen übermittelt werden würden, die von ihnen betroffen seien. (Hayek 1945: 527) Mit Hilfe des Preissystems würden Informationen über den Wandel in der Ökonomie auf das Wesentliche reduziert, da die betroffenen Akteure für ihre Pläne nur Preistrends, Signale des Wandels, kennen müssten ohne unbedingt die Ursachen von diesem zu kennen:

> „the price system [is] a kind of **machinery for registering change**, or a system of telecommunications which enables individual producers [...] to adjust their activities to changes of which they may never know more than is reflected in the price movement" (Hayek 1945: 527; Hervorhebung hinzugefügt)

An dieser Stelle wird besonders deutlich, dass Wandel für Hayek ein *ständiger* Bestandteil des Wirtschaftslebens ist und nicht etwa „periodisch" wiederkehrend, was z.B. bei nicht oft durchgeführten Investitionsprojekten von großer Tragweite (wie dem Bau eines Atomkraftwerks) denkbar wäre. Denn die „machinery for registering change", das Preissystem, arbeitet ständig.

---

[6] In der Hayek zeitlich nachfolgenden Literatur wird auch *weitgehend* synonym der Begriff „stilles Wissen" („tacit knowledge") verwendet, der auf Polanyi (1966: 4) zurückgeht.
[7] Vgl. mit Neoklassik auf S. 12

c) Zwischenfazit: Undurchführbarkeit des Sozialismus

Ein Wirtschaftssystem, das auf der Vorstellung entworfen werde, dass Wissen in der Welt gegeben und vor seiner ökonomischen Nutzung nur „aufgesammelt", geordnet und ausgewertet werden müsse, würde das unartikulierbare Wissen der Menschen vernachlässigen und sei deshalb praktisch nicht wünschenswert. (Hayek 1945: 519f) Diese Sozialismuskritik ist so grundsätzlich, dass sie weder Zentralplanung, noch „Marktsozialismus", noch andere Formen einer nicht auf *echten* Märkten beruhenden Wirtschaft, für durchführbar halten kann.

Das unartikulierbare Wissen ließe sich seinem Wesen nach nicht z.B. von einem Wissenschaftler systematisieren. Es stünde den sozialistischen Koordinationsstellen etwa in Form von Statistiken nicht zur Verfügung. (Hayek 1948: 83) Preise als Knappheitsparameter zur Koordination der Kapazitäten zu verwenden würde an der Bedeutung der Preise zur Vorantreibung des *Wandels* vorbeigehen.

Auch spielt die Idee Hayeks, dass es im Sozialismus einen „Zwang zum Einvernehmen" gebe, eine große Rolle bei der späteren Analyse des Modells „partizipatorischer Planung":

> „we [...] are **forced to produce agreement** on everything in order that any action can be taken at all." (Hayek 1944: 46; Hervorhebung hinzugefügt)

Insgesamt erscheint die Durchführung des Sozialismus Hayek schon in der Theorie als zweifelhaft. Dieser Zweifel ist unabhängig davon, bis zu welchem Grad Märkte verdrängt werden und wodurch sie ersetzt werden mögen. Jeder sozialistische Entwurf unterschätze die Entstehung von Wissen und Informationen in der Gesellschaft und sei damit schon als Idee absurd. (Hayek 1948: 155)

4. Partizipatorische Planung

Die Sozialismuskritik Hayeks und die Idee des „Marktsozialismus" von Lange haben die Modelle nachfolgender und moderner Sozialismustheoretiker entscheidend beeinflusst. So entwickelten der US-Amerikaner Pat Devine und der Türke Fikret Adaman ein Wirtschaftsmodell „partizipatorischer Planung". In diesem Entwurf spielen Marktaustauschbeziehungen eine geringe, umfassende Teilnahme *aller* an überindividuellen ökonomischen Entscheidungen dagegen eine sehr große Rolle. Das Besondere an dem Ansatz von Adaman & Devine ist ihr Versuch ein Sozialismusmodell zu entwickeln, das einer Kritik seitens der Österreichischen Schule (in Tradition Hayeks) widerstehen kann. D.h., sie beanspruchen, dass in ihrem Modell das *stille* Wissen <u>ohne</u> Benutzung des Marktmechanismus generiert werde. Im Folgenden wird untersucht, ob dieser Anspruch gerechtfertigt ist.

4.1. Überblick über das Modell von Adaman & Devine

a) Einführung

Bei dem Modell handelt es sich um den Entwurf eines Wirtschaftssystems, in dem die Allokation gegebener Kapazitäten auf verschiedene Verwendungen, Entscheidungen über Ersparnis, Investition, Innovationen, räumliche Verteilung ökonomischer Aktivität und personale Verteilung des Einkommens nicht über Märkte erfolgen, sondern demokratisch von denjenigen beschlossen werden, die von ihnen *betroffen* sind. (Devine 1992: 81) Die Idee dahinter ist, individuelle Präferenzen der Marktteilnehmer zunächst zu bündeln, um im nächsten Schritt Gruppenpräferenzen abzuleiten, aus denen dann Nachfragepläne und unter Nebenbedingung bereits gegebener Kapazitäten konkrete ökonomische Entscheidungen resultieren sollen. Der institutionelle Rahmen der „partizipatorischen" Planung wird später erläutert.

Zunächst wird diese Idee veranschaulicht, indem ihre Ziele und Annahmen sowie die beanspruchte Abgrenzung zum Marktsozialismus vorgestellt werden.

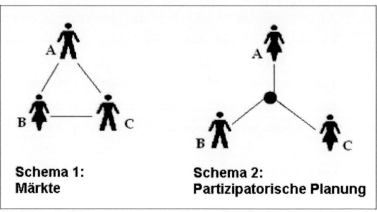

Abbildung 2. Stilisiertes Schema der Koordination über Märkte und über „partizipatorische Planung" (Eigene Darstellung)

Das Schema zeigt ökonomische Beziehungen zwischen den Individuen A, B und C über drei Märkte A-B, B-C und A-C einerseits und wie die Märkte über die „partizipatorische Planung" umgangen werden sollen. Im Fall einer Koordination über Märkte hat z.B. der Arbeiter C keinen Einfluss auf eine Entscheidung zwischen dem Manager A und der Unternehmensberaterin B. Diese Entscheidung würde ihn aber betreffen, wenn in deren Folge die Personalkapazität in der Firma verringert wird. Im Fall der „partizipatorischen Planung" wirken alle an der Entscheidung, von der sie betroffen werden sollen, mit, sodass die ex ante Unsicherheit (v.a. für Arbeiter C aus Schema 1) und der *bilaterale* ex-post Koordinationsmechanismus des Marktes eliminiert werden.

Weitere Ziele eines „partizipatorischen" Wirtschaftssystems:

(1) Vermeidung von Fehlallokationen und -investitionen durch eine umfassende *ex ante* Planung (Adaman/Devine 1996: 527)

(2) Effizientere Informationsnutzung als unter marktwirtschaftlichen Bedingungen (Devine 1988: 210, 234, 244)

(3) Gleichmäßigere Einkommensverteilung und bedingungsloses Grundeinkommen (Devine 1988: 206)

Die Annahmen des „partizipatorischen" Modells:

(1) Die Akteure haben individuelle Interessen, sind aber grundsätzlich kooperationsbereit. (Devine 1992: 85)

(2) Die Gesellschaft ist demokratisch und besteht aus partizipationsbereiten Individuen, die über eine Vielzahl von selbstverwaltenden und repräsentativen Gremien ihre gemeinsamen Interessen entdecken und zu einer gemeinsamen Entscheidung kommen können. (Devine 1988: 189, 1992: 85)

(3) Träger ökonomischer Aktivität sind Betriebe mit Selbstverwaltung. (Devine 1988: 190)

(4) Der institutionellen Gestalt des Modells liegt eine analytische Unterscheidung in „Marktaustausch" und „Marktkräfte" in der *Marktwirtschaft* zugrunde. (Devine 1992: 79)

(5) Das Modell beruht weder auf dem Staats- noch auf dem Privateigentum der Kapitalgüter, sondern auf dem Konzept eines „Sozialeigentums" („social ownership") (Adaman/Devine 1996: 533)

(6) Im Modell gibt es ein Bankensystem. (Devine 1988: 251) Damit wird eine Weiterbenutzung von Geld vorgesehen.

b) *„Partizipatorische Planung" und „Marktsozialismus"*

Adaman & Devine stehen dem Marktsozialismus skeptisch gegenüber. Sie bezweifeln, dass er *sowohl* die Autonomie der Betriebe *als auch* die ex ante Unsicherheit des Marktes überwinden könne. Das Modell von Lange z.B. leide daher an einem Zielkonflikt zwischen betrieblicher Autonomie und Vorhersagbarkeit ökonomischer Entwicklung. D.h., wenn die Zentrale ihre ex ante gesetzten *makroökonomischen* Ziele mit weniger Unsicherheit ex post erreichen wolle, müsse sie die Mikroautonomie der Betriebe eingrenzen. Wenn die Zentrale wiederum eine höhere Mikroautonomie in der *Gesamtwirtschaft* anstrebt, müsse sie mehr Unsicherheit bzgl. makroökonomischer Ziele in Kauf nehmen.

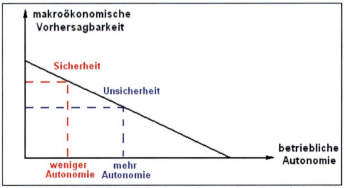

Abbildung 3. Zielkonflikt im Marktsozialismus. Zur Vereinfachung der Darstellung wird ein konstantes Austauschverhältnis zwischen den Zielen auf beliebigen Niveaus der jeweiligen Zielerreichung unterstellt. (Eigene Darstellung nach Devine 1992: 76)

Die Autonomie müsste von der Zentrale begrenzt werden, um z.B. ihre Verteilungsziele zu erreichen. Denn eine Zunahme an Autonomie würde „marktsozialistische" Betriebe zu Entscheidungen anhand der Profitmaximierungsregel veranlassen. Das wiederum würde einen Rückzug von zentralen Verteilungszielen bedeuten. (Devine 1992: 76) Die

„partizipatorische" Planung würde diesen Zielkonflikt überwinden, indem sie *alle* Interdependenzen des Wirtschaftslebens berücksichtigen würde. Wie das geschehen soll, wird in den nächsten Abschnitten vorgestellt.

c) Marktaustausch und Marktkräfte

Das Modell baut auf einer analytischen Unterscheidung zwischen „Marktaustausch" und „Marktkräften" auf. „Marktaustausch" fasst den Austausch von Gütern und Dienstleistungen zwischen Anbietern und Nachfragern zusammen, d.h. die Akteure würden ihren Bedarf nach eigenen Erwägungen decken, ohne, dass ihnen *bestimmte* Kapazitäten in *bestimmter* Höhe auf zentrale Veranlassung hin zugewiesen werden. „Marktkräfte" seien Vorgänge, die in der Marktwirtschaft *ex post* ökonomischen Wandel bringen, also z.B. die Änderung der relativen Größe einzelner Wirtschaftszweige, der räumlichen Verteilung wirtschaftlicher Aktivität, der (Des-)Investitionen[8] und der Verteilung des Einkommens. (Devine 1992: 79) Diese *ex post* Koordination durch „Marktkräfte" sei die Folge der Kurzsichtigkeit des Marktsystems. Die Ursache dieser Kurzsichtigkeit sei die *ex ante* Unsicherheit über die Zukunft. Dieser Gedanke geht auf Dobb zurück. (Dobb 1969: 148)

Diese Kurzsichtigkeit soll vermieden werden, indem „Marktkräfte" von der „partizipatorischen Planung" abgelöst werden. Die Koordination von Entscheidungen, die ökonomischen Wandel bringen, würde damit *nicht* über den Markt erfolgen. (Devine 1992: 84) **Der Marktmechanismus an sich bleibt erhalten, soll aber nicht mehr für Wandel sorgen, sondern lediglich für die Allokation bereits *gegebener* Kapazitäten („Marktaustausch").**

---

[8] Der Begriff „Desinvestition" meint z.B. den Abbau alter Anlagen

d) Gremien Verhandelter Koordination

Die sog. „Gremien Verhandelter Koordination" („negotiated co-ordination bodies") sind das institutionelle Herzstück des Modells. In ihnen erfolgt soweit wie möglich die *ex ante* Koordination. Diese Gremien würden das Modell auch entscheidend von Zentralplanungsmodellen wie dem „Marktsozialismus" einerseits und reinen Marktmodellen andererseits unterscheiden. (Devine 1988: 248). Die Koordinationsaufgaben sind auf verschiedene Gremien auf lokaler, regionaler und nationaler Ebene, sowie auf Gremien von Betrieben, Wirtschaftszweigen usw. dezentral aufgeteilt. (Devine 1988: 191) In dem jeweiligen Gremium sind diejenigen Interessengruppen vertreten, die von dessen Entscheidungen *betroffen* werden. (Adaman/Devine 1996: 532) In einem Betriebsgremium z.B. wären es Vertreter des Managements, der Belegschaft, der Konsumenten von Produkten dieses Betriebs, der lokalpolitischen Entscheidungsträger oder auch einer lokalen Umweltorganisation. Ein Gremium auf Wirtschaftszweigebene würde aus Vertretern einer „aggregierteren" Interessengruppenebene bestehen: z.B. des Arbeitgeberverbandes des jeweiligen Industriezweigs, der Gewerkschaften der jeweiligen Berufsgruppe, der zuständigen politischen Entscheidungsträger usw. Einzig das nationale Gremium würde umfassende wirtschaftspolitische Ziele („social priorities") bestimmen. (Devine 1988: 205f)

In den Gremien würden die verschiedenen Interessengruppen nach gemeinsamen Verhandlungen ähnliche Entscheidungen fällen, wie sie auf Aufsichtsrats- und Vorstandssitzungen marktwirtschaftlicher Unternehmen getroffen werden. (Adaman/Devine 1996: 533)

e) Sozialeigentum

Mit dem Konzept des „Sozialeigentums" werde ein Zustand ausgedrückt, in dem die Kapitalgüter denjenigen gehören, die von ihrer Benutzung *betroffen* sind. Die Betroffenheit verbindet das Konzept des Sozialeigentums mit der partizipatorischen Planung. Denn Verhandlungen über die Nutzung eines Aktivgutes dürfen nur von durch seine Nutzung *Betroffenen*, also von den Trägern des Sozialeigentums an diesem Aktivgut durchgeführt werden. (Adaman/Devine 1996: 533) Z.B. hätten diejenigen Mechaniker, die Wartungsarbeiten an einer Maschine A durchführen, vor einer Entscheidung zur Verschrottung dieser Maschine *auch* ein Mitspracherecht.

f) Preise und Allokation

Ein partizipatorisches Wirtschaftssystem komme ohne Preise nicht aus. Erstens würden sie benötigt um physisches Output in aggregierten Rechenwerken zu erfassen, aus denen dann makroökonomische Kenngrößen wie z.B. Investitions- und Konsumquoten ermittelt werden könnten. Zweitens würden *Relativpreise* aller Güter und Dienstleistungen zur Bestimmung von Maßen für Verteilung des Outputs wie auch für *Produktivität* einzelner Betriebe und ganzer Wirtschaftszweige gebraucht werden. (Devine 1988: 197)

Im partizipatorischen Modell würden einzelne *Output*preise von Betrieben auf Grundlage von zentral vorgegebenen „Preisen für *Erstinputs*" gesetzt werden:

> „Primary input prices **must** be determined at the national level [...]."
> (Devine 1988: 198; Hervorhebung hinzugefügt)

Dies sei notwendig, damit die „sozialen Produktionskosten" nach den Vorstellungen der obersten Gremien in den Outputpreisen der Betriebe besser abgebildet werden. Auf diese Weise soll die

Allokation der Ressourcen nach „sozialen Prioritäten" erfolgen. Diese zentrale Festsetzung der Erstinputpreise würde sich auch auf das Durchschnittsniveau der *Reallöhne* auswirken. (Devine 1988: 197f) Eine Benutzung dieser zentral bestimmter „Erstinputpreise" für dezentrale Entscheidungsfindung in den Betrieben soll ein Wirken der „Marktkräfte" vermeiden. (Devine 1988: 203) Die Erstinputpreise, die für den Betrieb ja nicht variabel sein würden, würden in Kombination mit der geplanten Outputmenge die *langfristigen Kosten* des Betriebs und damit seine Outputpreise bestimmen. Die geplante Outputmenge, das Angebot, wäre abhängig *nur* von der Nachfrage. D.h. betriebliche Entscheidungen über den Grad der Auslastung, Vergrößerung oder Verkleinerung gegebener Kapazitäten würden *ausschließlich* von Lagerbeständen und Orderbüchern abhängen, und nicht von Preissignalen: (Devine 1988: 242)

> „Price changes in response to changes in demand are **therefore not necessary** for the purpose of providing information about the need to adjust capacity." (Devine 1988: 242; Hervorhebung hinzugefügt)

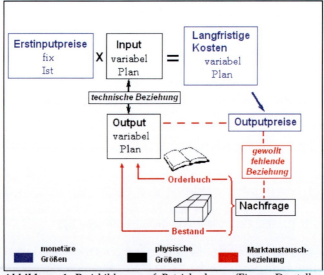

Abbildung 4. Preisbildung auf Betriebsebene. (Eigene Darstellung nach Devine 1988: 242)

Oben ist die modellhafte Entstehung der Outputpreise der Betriebe veranschaulicht. Steigt (Sinkt) die Nachfrage im Zeitverlauf, so merken es die Betriebe an den sinkenden (steigenden) Lagerbeständen und voller (leerer) werdenden Orderbüchern und passen die Höhe ihres Outputs entsprechend an.

g) Investitionen

Die Koordination *aller* Investitionen soll *ex ante* erfolgen. Devine unterscheidet analytisch zwischen „Haupt-" und „Nebeninvestitionen". „Hauptinvestitionen" seien diejenigen Projekte, die vom *obersten* Gremium beschlossen und durchgeführt werden. Für „Nebeninvestitionen", die restlichen Projekte, würden *untergeordnete* Gremien verantwortlich sein. Der Gedanke dahinter ist, dass Investitionen nachfragewirksam seien. Der Ausbau des Fahrradweges zu einem Brauhaus z.B. könnte die Nachfrage nach Radler-Bier seiner Gäste erhöhen. Deshalb sollte das oberste Gremium diejenigen Investitionsprojekte anstoßen, deren Outputs als *Komplemente* in viele einzelne „Nebenverwendungen" gehen würden, über welche untergeordnete Gremien und einzelne Betriebe bessere Informationen hätten. (Devine 1988: 209f) Als Komplemente könnten z.B. Infrastrukturnetze (wie oben), vielseitig einsetzbare Maschinen und Rohstoffe, aber auch ein hohes Bildungsniveau der Bevölkerung, das höhere Innovationspotentiale verspricht, dienen.[9]

---

[9] Nach diesem Verständnis wären also ein Ausbau der Infrastruktur, eine Förderung (z.B. in Form von Subventionen) der Maschinenbauindustrie und der Rohstoffförderung, sowie höhere Ausgaben im Bildungswesen als „Hauptinvestitionen" die Aufgabe des obersten Gremiums.

4.2. Die Genese von Informationen und Wissen

Die These von Adaman & Devine, dass neben systematisierbaren empirischen Informationen auch *unartikulierbares Wissen* Eingang in die partizipatorische Planung finden würde, wird durch die dezentrale Struktur seines Modells motiviert.

a) Die Genese des Wissens in den „Gremien Verhandelter Koordination"

Da die Gremien für die *ex ante* Koordination *aller* den Wandel bringenden ökonomischen Entscheidungen verantwortlich sind, ist das Wissen, das in den Gremien generiert wird, von entscheidender Bedeutung für das Funktionieren der partizipatorischen Wirtschaft. Durch die dezentrale Struktur der Modellwirtschaft sind Verantwortlichkeiten für verschiedene Regionen und Wirtschaftszweige auf mehrere untergeordnete Gremien verteilt, sodass ein einzelnes Gremium nicht über umfassende Informationen verfügen muss. Damit grenzt sich das „partizipatorische" Modell vom „marktsozialistischen" Modell Langes mit seiner Zentralen Planungskomission ab. Ein einzelnes Gremium braucht für seine Entscheidungen nur alle relevanten *quantitativen* und *qualitativen* Informationen aus seinem Verantwortungsbereich zu generieren. Diese Informationen sind über Vergangenheit bereits gegeben und müssten nur systematisiert werden, während über Zukunft *Erwartungen* gebildet werden müssen. (Devine 1988: 233)

Informationen	Über vergangene Tatsachen (ex-post)	Über zukünftige Erwartungen (ex-ante)
quantitativ	• Daten über nachgefragte Produktion • Daten über Produktivität	• Daten über erwartete Nachfrageänderungen • Daten über erwartete Produktivität
qualitativ	Erklärung der quantitativen Daten	Bedenken der *betroffenen* Interessengruppen über Wirkungen der geplanten (Des-)Investitionen

Abbildung 5. Informationen nach Adaman & Devine (eigene Darstellung nach Devine 1988: 233)

Die Palette an Informationen nach der oberen Tabelle wäre sehr umfangreich als Grundlage für eine konkrete pragmatische Entscheidung auf der Sitzung eines Gremiums, wenn Restriktionen wie z.B. endlich bemessene Sitzungszeit, beschränkte menschliche Aufnahmefähigkeit der Gremienmitglieder während *einer* Sitzung oder die praktische Umsetzbarkeit einer Planalternative berücksichtigt werden müssen. Daher soll die Zahl der Alternativen *vor* der Sitzung eines Gremiums *begrenzt* werden. Diese Vorauswahl erfolgt durch *höhere* Stellen auf der Grundlage „nationaler Richtlinien" im Vorfeld der Beratung des untergeordneten Gremiums. (Devine 1988: 193) Wenn die Gremienmitglieder kein Einvernehmen erzielen, müssen Entscheidungen per Mehrheitswahl beschlossen werden. (Devine 1988: 233)

b) Die Entfaltung des „stillen Wissens"

Die berücksichtigten Interessen in einem Gremium sind *breiter* als z.B. auf einer Vorstands- oder Aufsichtsratssitzung in der Marktwirtschaft. Damit geht auch die Genese des Wissens *tiefer*, da auch *stilles Wissen* entdeckt wird. (Adaman/Devine 1996: 533)

Eine scheinbare Integration des Wissenskonzepts von Hayek in das Schema der oberen Tabelle (s. Abb. 5) gelingt am ehesten in der rechten unteren Zelle. Denn seinem Wesen nach kann das stille

Wissen weder quantitativ sein, noch aus (z.B. wissenschaftlichen) Erklärungen empirischer Beobachtungen bestehen. Die Lehre für Sozialisten aus der Wirtschaftsrechnungsdebatte – so Adaman & Devine – sollte in deren Aufmerksamkeit auf die Möglichkeit der Kombination der Planung mit der Artikulation des stillen Wissens bestehen. (1996: 529) Dieses Wissen kristallisiert sich im Zuge der *Verhandlungen* in den Gremien heraus und kann daraufhin in der Gesellschaft mobilisiert werden. Im Zuge dieses Prozesses können frühere Entscheidungen bzgl. ihrer späteren Ergebnisse bewertet, Fehler berichtigt, Unmöglichkeiten und neue Möglichkeiten entdeckt werden, sodass sich *Lernprozesse* vollziehen werden.

Es handelt sich dabei um eine *ex post* und keine *ex ante* Koordination, sodass Adaman & Devine hinzufügen: ihr Modell beinhalte einen integrierten Entscheidungsprozess aus ex ante Koordination und ex post Anpassungen, der auf kooperativen Verhandlungen und nicht auf Wettbewerb beruhe. (Adaman/Devine 1996: 535) Als Beispiel dafür können die Entscheidungen der Betriebsgremien über Kapazitätsauslastung, -vergrößerung oder –verkleinerung auf Grundlage von Nachfrageschätzungen dienen[10]. Eine Entscheidung auf Grundlage von Lagerbeständen wäre in dem Fall eine Entscheidung ex post und eine auf Grundlage von Orderbüchern eine Entscheidung ex ante.

c) Die Informationen über Investitionen und Innovationen
Das zunächst stille Wissen über mögliche Innovationen und damit das Wissen darüber, ob und welche bestehende Kapazitäten erweitert oder abgebaut, oder neue Kapazitäten aufgebaut werden sollen, würde sich wegen der „Transformationsdynamik", die dem Modell partizipatorischer Planung innewohnen würde, in der

---

[10] Vgl. S. 26, insbesondere Abbildung

Gesellschaft entfalten. „Transformationsdynamik" soll ausdrücken, dass gegenseitige ökonomische Verflechtungen den Akteuren *stärker* als in der Marktwirtschaft bewusst werden würden, da sie ja in den Gremien persönlich miteinander interagieren und ihre Ideen *unmittelbarer* austauschen würden. (Devine 1988: 210, 234) Die Transformationsdynamik würde also z.B. das Bewusstsein für konkrete Komplementär- oder Substitutivverhältnisse in einem bestimmten Produktionszweig erweitern, oder zwei einzelne Betriebe könnten durch Verhandlungen in einem regionalen Gremium *schneller* herausfinden, dass sich eine Zusammenlegung für sie lohnen würde als über Finanzeinrichtungen einer Marktwirtschaft. Dieser kontinuierliche Informationsaustausch würde auch durch das Fehlen von Firmengeheimnissen („commercial secrecy") beschleunigt werden. Das sei eine der *größten* Stärken des partizipatorischen Modells. (Devine 1988: 244)

4.3. Kritik und Antikritik

Das Modell von Devine wurde vom britischen Institutionenökonomen Geoffrey Hodgson 1998 und 2005 einer scharfen Kritik unterzogen. 2001 antworteten Adaman/Devine auf die erste Kritik. An dieser Stelle werden die wichtigsten Streitpunkte zwischen Devine und Hodgson vorgestellt.

a) Streitpunkt „Marktaustausch und Marktkräfte"

Hodgson sieht diese dem partizipatorischen Modell liegende analytische Unterscheidung nicht gerechtfertigt. Es sei ein Fehler, im Markt ein reines ex post Koordinationsmechanismus zu sehen, da die Akteure den Markt nicht nur benutzen würden, um Erzeugnisse aus der Vergangenheit zu tauschen, sondern auch um neue Ideen anzustoßen oder Erwartungen über die Zukunft zu bilden. Es gebe sogar Spezialmärkte für Erwartungen, wie der

Markt für Futures, auf dem es ausschließlich ex ante Anpassungen erfolgen würden: durch den Handel von Anspruchsrechten auf Güter, die erst in der Zukunft entstehen würden. (Hodgson 1998: 414).

Auch sei der *statische* „Marktaustausch" ohne Wirkung der *dynamischen* „Marktkräfte" nicht praktisch umsetzbar. Diese analytische Unterscheidung sei solange angebracht, bis sich in der Wirtschaft um diesen Tausch herum nichts ändern würde. Güter und Dienstleistungen müssten also ohne Notwendigkeit zur „verhandelten Koordination" getauscht werden könnten. Schon dieser Tausch gehe aber auch Hand in Hand mit „Marktkräften" einher und sei von diesen daher nicht zu trennen. (Hodgson 1998: 415) Man stelle sich z.B. einen selbstständigen Handwerker vor. Dieser kauft ein neues Fräsgerät für seine Heimwerkstatt, in der er auch begeistert seine Freizeit als Flugmodellbastler verbringt. Schon in diesem einfachen Fall sei es nicht einfach zu entscheiden, ob die Fräsmaschine eine Investition sei, also zu den Marktkräften gehöre oder *nur* ein Ergebnis des Marktaustauschs sei. (eigenes Beispiel nach Hodgson 2005: 145f)

Adaman & Devine gestehen in ihrer Antwort auf diese Kritik, dass die Unterscheidung zwischen „Marktaustausch" und „Marktkräften" nur im Modell und nicht in der Realität stattfinde. Sie bleiben allerdings auf ihrem Standpunkt, dass die Koordination in der Marktwirtschaft *als Ganzes* nur ex post erfolgen könne. Die einzelnen Akteure würden zwar z.B. im Vorfeld einer *einzelnen* Investition Erwartungen über *ihre* Rentabilität bilden, das Ausmaß und die Art der gesamtwirtschaftlichen Investitionen sei aber als Gesamtgröße nur ex post koordinierbar, da ex ante keine Vereinbarung über diese zwischen den Akteuren getroffen worden sei. So könne man z.B. erst ex post entscheiden, ob es *insgesamt* mehr oder weniger Ziegelsteine hergestellt worden seien als für geplante Häuserbauten insgesamt benötigt wurden. (eigenes Beispiel nach Adaman/Devine 2001: 231) Damit gebe es durchaus Nachteile von „Marktkräften", selbst, wenn die enge Absteckung dieses Begriffs nur analytisch sei. (Adaman/Devine 2001: 231)

b) Streitpunkt „Wissen"

Hodgson bezweifelt stark, dass auf Grundlage des Modells partizipatorischer Planung *dasjenige* Wissen in der Gesellschaft generiert werden kann, das sie in *die* Richtung steuert, in die sie auch gelangen will. Selbst *empirische* Informationen seien Interpretationen von Sinnesreizen, entstünden also in den Köpfen einzelner Menschen, und das auf die Weise, die ihnen selber nicht bekannt sei. (Hodgson 1998: 417) So liege der Ursprung einer kreativen Idee oft im „stillen" Wissen eines Menschen als in der logischen Deduktion. (Hodgson 1998: 419) Die partizipatorischen Gremien, deren Arbeit auf rationaler Diskussion beruhen würde, würden kein „stilles" Wissen, das sich der Rationalität entziehe, generieren können und damit bei bestem Willen keine kreativen Ideen haben. (Hodgson 1998: 420):

> "How can these committees discuss and deliberate [...] on matters which individuals (or groups) may **'know but cannot say'**?" (Hodgson 1998: 418; Hervorhebung hinzugefügt)

Damit wird betont, dass es meistens nicht klar sei, warum gerade *diese* Idee kam und keine andere. Adaman & Devine würden bei ihrem Vorschlag einer „zentralisierten demokratischen Planung" von einem Missverständnis bzgl. des Wesens des unartikulierbaren/stillen Wissens ausgehen und damit die Fähigkeit des menschlichen Verstandes ihr Modell praktisch umzusetzen überschätzen. (Hodgson 1998: 419)

Auf diese Kritik reagieren Adaman & Devine mit der Klarstellung, was sie unter dem „stillen" Wissen verstehen. Sie haben im Sinn das *soziale unartikulierte*[11] Wissen, das Menschen in verschiedenen Gruppen untereinander teilen, es aber noch nicht artikuliert haben würden, z.B. eine gemeinsame Arbeitstechnik, die in einem eingespielten Kollegenkreis entstehe und in keiner expliziten Arbeitsnorm aufgeführt werde, oder geteiltes aber nicht aufgeschriebenes oder gesagtes gemeinsames Wissen der Betriebe eines Industriezweigs. Dieses unartikulierte stille Wissen, das sich durch Verhandlungen in dezentralen Gremien besser und schneller entfalten würde, würde zu stärkerer Berücksichtigung der Betroffenen führen und auch mehr Innovationen als bisher generieren. (Adaman/Devine 2001: 232f) Es gäbe ja kein Firmengeheimnis, das eine Verbreitung und Entfaltung innovativer Ideen hemmen würde.[12] Damit wäre die ex ante Unsicherheit, die sich z.B. in zögernder Kreditvergabe für Forschungs- und Entwicklungsinvestitionen in der Marktwirtschaft zeigen würde, teilweise überwunden. (Adaman/Devine 2001: 232ff)

c) Streitpunkt "Informationsüberladung und Tendenz zur Zentralplanung"

Aus der Schwierigkeit einer praktischen Unterscheidbarkeit zwischen „Marktaustausch" und „Marktkräften" folgert Hodgson, dass *jedes* Vorhaben zur Beratung in die Gremien gehen müsste, um das Risiko einer Entfesselung von Marktkräften zu vermeiden. (Hodgson 2005: 146f) Zudem würde jede, selbst eine routinierte und wiederholte Entscheidung Neues beinhalten. (Hodgson 1998: 415)

Die Gremien würden sich zu einem Riesen aus der französischen Romanwelt aufblähen:

> „A gargantuan participatory democracy will swallow up all economic activity." (Hodgson 2005: 147)

---

[11] Adaman & Devine stützen dieses Verständnis auf Kirzner (1988) und Lavoie (1990)
[12] Vgl. S. 31 Mitte

Ein System, in dem über *jedes* Vorhaben beraten und abgestimmt werden müsste, würde daran leiden, dass die Vertreter in den demokratischen Gremien nicht Fachleute für *jedes* Vorhaben wären. Eine Delegation vieler schwieriger Themen in untergeordnete Expertengremien würde aber das „Prinzip der Partizipation *aller* von der Entscheidung *Betroffenen*" untergraben. (Hodgson 1998: 420) Selbst wenn Adaman & Devine solche Expertenteams implizit voraussetzen würden, wäre das von ihnen vorgeschlagene System mit Entscheidungszwängen überladen. Um nicht völlig zu erlahmen oder gar zu kollabieren, müsste eine Vielzahl *standardisierter* Entscheidungsregeln aufgestellt werden, um mit der Informationsflut zurechtkommen zu können. Die Bürokratie der Zentralplanung würde über die Hintertür wiederkehren: (Hodgson 1998: 421)

> "The market has **many deficiencies**, but no-one has shown how its use can be avoided without creating the alternative of a bureaucratic juggernaut." (Hodgson 1998: 421; Hervorhebung hinzugefügt)

Marktsysteme – so Hodgson weiter – würden viele inkonsistente, ja sogar sich *widersprechende* Teilpläne zahlreicher Akteure bewältigen können. Der entscheidende Vorteil von Märkten sei, dass sie nicht in *jedem* Einzelfall zu einem allseitigen Konsens vor einer Entscheidung zwingen würden, obwohl sich die Akteure durchaus innerhalb einer verflochtenen Wirtschaft befinden. (1998: 421) Sozialismus dagegen würde die Akteure dazu drängen, ein allseitiges Einvernehmen zu erreichen. Dies sei nur möglich, wenn sie ihre Teilpläne aufeinander abstimmen. Die Folge von diesen wiederholten Abstimmungsrunden würde schließlich mit der Einigung auf einen umfassenden Plan enden. Dieser Plan würde dann aus *konsistenten* und *widerspruchsfreien* Teilplänen bestehen. Das Modell von Adaman & Devine würde daher zu einer faktischen Zentralplanung führen. (Hodgson 1998: 414) Diese

Argumentation geht auf einen Aspekt der Sozialismuskritik Hayeks zurück.

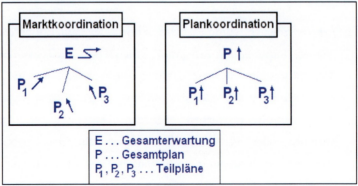

Abbildung 6. Inkonsistente Teilpläne bei Marktkoordination und widerspruchsfreie Teilpläne bei Plankoordination (Eigene Darstellung nach Hayek 1944: 46 und Hodgson 1998: 414, 421)

Das obere Schema ist eine abstrakte Illustration dieses Gedankens. Im Fall von Marktkoordination erlauben inkonsistente und mitunter sich widersprechende Teilpläne keine exakte Vorhersage über die Planerfüllung *ex post*, sondern lediglich eine aggregierte Erwartungsbildung (E), die schwankt (z.B. in Form wechselnder Aktienkurse). Die Parallelität aller Pfeilsymbole im Fall von Plankoordination bildet die notwendige Konsistenz und Widerspruchsfreiheit der Teilpläne mit dem Gesamtplan (P) ab.

Man betrachte z.B. ein Parkhaus. Es erfüllt seine Funktion nur dann, wenn alle Autos in den vorgesehenen Parkbuchten stehen. Parkt nur ein Auto falsch in der engen Ein-/Aus-/ oder Auffahrt zu den höheren Parketagen, können viele Autos nicht mehr durchfahren (→ Teilpläne) und das Parkhaus erfüllt seine Gesamtfunktion (→ Gesamtplan) nur sehr eingeschränkt.

Adaman & Devine antworten auf diese Kritik mit der Betonung, dass die ex ante Koordination *dezentral* stattfinden würde. Die Verteilung der Verantwortlichkeiten wäre so geregelt, dass ein einzelnes Individuum nicht einer exzessiven Zahl an Gremiensitzungen beiwohnen müsste. Es sei auch denkbar, dass in einem „partizipatorisch" geführten Betrieb *weniger* Beratungssitzungen stattfinden würden, da viele Themen von der Tagesordnung kapitalistischer Betriebe, wie z.B. „kommerzielle Rivalitäten", Betriebsgeheimnisse, Fusionen oder finanzielle Restrukturierungen fehlen würden. (Adaman/Devine 2001: 235)

5. Schlusswort

Das Modell von Adaman/Devine ist ein ehrgeiziger Versuch ein ganzes Wirtschaftsystem auf dem Reißbrett zu entwerfen. Doch die Autoren verfallen deshalb nicht einer Hybris. Sie betrachten ihr Modell nicht als ein Nonplusultra, sondern als ein Entwurf, den man verbessern kann oder nur als Vorschlag zu einer Diskussion. (Devine 2002: 72) In dieser Arbeit wurde eine Diskussion des Modells unter dem Aspekt der Genese des Wissens bemüht. Die eigenen Schlussfolgerungen zur „partizipatorischen Planung" in diesem letzten Abschnitt beziehen sich *ausschließlich* auf das „partizipatorische" Wirtschaftsmodell von Adaman & Devine und in keiner Weise auf die Idee der partizipatorischen Demokratie als eines politischen Maßstabs. Ausserdem muss auch hier beachtet werden, dass ein Modell *nie* für sich beansprucht die Wirklichkeit (in diesem Fall eine fiktionale) in all ihrer Mannigfaltigkeit abzubilden. Eine konstruktive Kritik des „partizipatorischen" Modells sollte daher nicht weiter gehen als die Modellannahmen zu hinterfragen und die innere Widerspruchsfreiheit zu überprüfen. Mit Hilfe von Schlussfolgerungen zu den wichtigsten Kritikpunkten wird versucht die Leitfragen vom Beginn der Arbeit zu beantworten.

Die analytische Unterscheidung zwischen „Marktaustausch" und „Marktkräften" von Adaman & Devine ist in der Tat schwierig, da –

wie Hodgson gezeigt hat – die Unterscheidungskriterien nicht präzise ausgearbeitet sind. Die praktische Umsetzung dieser Unterscheidung wäre daher nur schwer durchführbar. Das Gegenargument von Adaman & Devine, dass die Unterscheidung dazu diene, die ex ante Unsicherheit des Kapitalismus durch ein Ausschalten von „Marktkräften" zu überwinden, überzeugt nicht, da die unscharfe Trennung der beiden abstrakten Konzepte die Identifikation eines konkreten Phänomens als eine „Marktkraft" unmöglich macht.

Ob stilles Wissen im partizipatorischen Modell entfaltet wird oder nicht, scheint vom Verständnis dieses Wissenskonzepts abzuhängen. Hodgson fasst das „stille, unartikulierbare" Wissen wörtlich auf: es sei *per definitionem* nicht artikulier**bar**. Adaman & Devine haben dagegen ein stilles und noch nicht artikulier**tes** Wissen von z.B. Arbeiterteams im Sinn, das in den partizipatorischen Gremien artikuliert werden könnte. Dieses Verständnis missachtet aber die ursprüngliche Sozialismuskritik Hayeks, der deutlich vom unartikulier**bar**en Wissen *eines* Individuums sprach. Hodgson sieht einen Zusammenhang zwischen dem unartikulierbaren Wissen und Kreativität. Er ist davon überzeugt, dass in den „partizipatorischen" Gremien keine kreativen Ideen entstehen könnten, da sich unartikulierbares Wissen nicht während einer Gremiendebatte entfalten könne. Dieses Argument überzeugt nicht. Das unartikulierbare Wissen ließe sich zwar nicht auf eine Tagesordnung setzen. Das schließt aber nicht aus, dass Gremienmitglieder zu den debattierten Themen spontane und für sie unerklärbare Einfälle haben könnten.

Die Kritik Hodgsons, dass der Entscheidungszwang, dem „partizipatorische" Gremien ausgesetzt sein würden, zu einem

Aufschwung der Bürokratie und in Folge zur Zentralplanung führen würde, ist überzeugend, da Adaman & Devine die Kriterien, anhand derer die Gremien in ihrem Modell eine Entscheidung zwischen ökonomischen Alternativen treffen würden, nicht hinreichend konkretisieren.

Adaman & Devine argumentieren dagegen, dass der Entscheidungszwang in einem „partizipatorischen" System sogar geringer sein könnte als in einem marktwirtschaftlichen, da typische Themen kapitalistischer Betriebe von der Tagesordnung „partizipatorischer" Betriebe verschwinden würden. Dieses Argument ist allerdings schwach. Eine Entlastung von typischen Entscheidungszwängen kapitalistischer Unternehmen würde von einer Vielzahl neuer, typisch *sozialistischer* Entscheidungszwänge begleitet werden. Über einen „Nettoeffekt" zwischen Entscheidungsabnahme und –zunahme auf der Modellebene zu spekulieren erscheint nicht sinnvoll und untergräbt damit das Argument von Adaman & Devine.

Dass Gremien eine begrenzte Anzahl an Entscheidungsalternativen von höheren Stellen vorgelegt werden soll, um die Arbeitseffizienz der Gremien zu steigern, scheint der Idee der „Transformationsdynamik" zu widersprechen. Denn durch eine Einschränkung der Entscheidungsalternativen würden den „partizipatorischen" Akteuren die gegenseitigen Verflechtungen kaum bewusster werden als in der Marktwirtschaft. Ein solches Vorgehen würde zudem die Entwicklung hin zur Zentralplanung verstärken.

Im „partizipatorischen" Modell sollen die Outputpreise nicht die Höhe des Outputs beeinflussen können. Damit wird jedoch die Funktion der Preise als Signale des Wandels im Sinne von Hayek untergraben und die Preise verlieren damit ihre Bedeutung für die Genese von Wissen im „partizipatorischen" Modell.

Die Kritik des Modells „partizipatorischer Planung" von Adaman & Devine zeigt, dass diesem Entwurf eine *empirizistische* Vorstellung über die Entstehung von Informationen und Wissen zugrunde liegt. Darauf weist v.a. das Verständnis des stillen Wissens als „unartikulierten sozialen" Wissens" hin, das „entdeckt" werden könne. Da Hayek von der Unmöglichkeit der Nutzung des unartikulierbaren Wissens, einem anderen Konzept also, in seiner Sozialismuskritik ausging, können Adaman & Devine in ihrem Anspruch nicht bestätigt werden, dass ihr Modell die Kritik der Österreichischen Schule in der Tradition Hayeks berücksichtige.

Als Reißbrettentwürfe haben das „marktsozialistiche" Modell und das „partizipatorische" jeweils eine andere Funktionsweise der sozialistischen Wirtschaft im Sinn. Der „Marktsozialismus" verspricht durch die zentrale Koordination der In- und Outputpreise eine Räumung der „Märkte". Die „partizipatorische" Planung erhofft durch die ex ante Koordination in den Gremien eine Vermeidung von Fehlallokationen und –inverstitionen. Ein wesentlicher Unterschied zwischen den beiden Modellen ist die Rolle der Preise. Im „Marktsozialismus" bringt der Preis als Knappheitsindikator Angebot und Nachfrage ins Gleichgewicht. Im „partizipatorischen" Modell reflektiert der Preis die sozialen Ziele und die langfristigen Outputkosten. Der Anspruch dagegen, dass die „partizipatorischen" Betriebe autonomer sein würden als die „marktsozialistischen", ist schwer haltbar, da die „partizipatorische" Modellökonomie einen inhärenten Hang zur Zentralplanung hat. Insgesamt kann die Frage nach der faktischen Übereinstimmung des Modells von Adaman & Devine mit dem Modell von Lange mal mit „ja", mal mit „nein" und damit nicht eindeutig beantwortet werden.

Fazit

Trotz wohlgemeinter Ziele von Adaman & Devine die demokratische Partizipation in der Wirtschaft zu erhöhen, leidet ihr Modell an der fehlenden Berücksichtig des unartikulierbaren Wissens im Sinne Hayeks, was wohl am meisten gegen ihren Vorschlag spricht.

Dennoch verdienen Adaman & Devine Anerkennung. Es ist nicht einfach als sozialistisch orientierter Ökonom gegen den Strom der sonst marktwirtschaftlich orientierten ökonomischen Modelle zu schwimmen. Mit ihrem Beitrag geben sie der Volkswirtschaftslehre nicht nur neue Perspektiven auf fiktionale Wirtschaftssysteme, sondern auch auf die allgemeine Funktionsweise der Marktwirtschaft.

IV. Literaturverzeichnis

Adaman, F. & Devine, P. (1996): The economic calculation debate: lessons for socialists. In: Cambridge Journal of Economics, Vol. 20, pp. 523-537

Adaman, F. & Devine, P (2001): Participatory planning as a deliberative democratic process: a response to Hodgson's critique. In: Economy and Society, Vol. 30, No. 2, pp. 229-239

Devine, P. (1992): Market Socialism or Participatory Planning? In: Review of Radical Polical Economics, Vol. 24(3&4), pp. 67-89

Devine, P. (1988): Democracy and Economic Planning: The Political Economy of a Self-Governing Society, 1st ed., Cambridge

Devine, P. (2002): Participatory Planning Through Negotiated Coordination. In: Science & Society, Vol. 66, No. 1, pp. 72-85

Dobb, M. (1969): Welfare Economics and the Economics of Socialism. Towards a commonsense critique, 1st ed., Cambridge, p. cited by: Adaman/Devine (1992): The economic calculation debate: lessons for socialists. In: Cambridge Journal of Economics, Vol. 20, p. 527

Hayek, F. A. (1937): Economics and Knowledge. In: Economica, Vol. 4, No. 13, pp. 33-54

Hayek, F. A. (1944): The Road to Serfdom, 1st ed., London

Hayek, F. A. (1945): The Use of Knowledge in Society. In: The American Economic Review, Vol. 35, No. 4, pp. 519-530

Hayek, F. A. (1948): Individualism and Economic Order, 1st ed., Chicago, pp. 119-147

Hodgson, G (1998): Socialism against markets? A critique of two recent proposals. In: Economy and Society, Vol. 27, No. 4, pp. 407-433

Hodgson, G. (2005): The limits to participatory planning: a reply to Adaman and Devine. In: Economy and Society, Vol. 34, No. 1, pp. 141-153

Kirzner, I. (1988): The Economic Calculation Debate: Lessons for Austrians. In: Review of Austrian Economics, Vol. 2, pp. 1-18
Lancaster, K. (1969): Introduction to Modern Microeconomics, Chicago, p. 276 cited by: Richter/Furubotn (2003): Institutions and

Economic Theory: The Contribution of the New Institutional Economics , 1st ed., Michigan, p. 1.

Lange, O. (1936): On the Economic Theory of Socialism: Part One. In: The Review of Economic Studies ,Vol. 4, No. 1, pp. 53-71

Leschke, M. & Erlei, M. (2007): Neue Institutionenökonomik, 1. Aufl., Schäffer-Poeschel, S. 44-51

Lavoie, D. (1990): Computation, Incentives, and Discovery : The Cognitive Function of Markets in Market Socialism. In: J. Prybyla (ed.) Privatzing and Marketizing Socialism, London: Annals of the American Academy of Political and Social Science, pp. 72-79

Marx, K. H. (1866): Brief über "Das Kapital". In: MEW. Bd. 31. S. 183

Mises, L. (1920): Die Wirtschaftsrechnung im sozialistischen Gemeinwesen. In: Archiv für Sozialwissenschaft und Sozialpolitik 47, pp. 86-121

Polanyi, M. (1966): The Tacit Dimension, 1st ed. London

V. Internetquellenverzeichnis

Hayek, F. A. (1974): "Friedrich August von Hayek - Prize Lecture". Nobelprize.org. Internet (URL): http://nobelprize.org/nobel_prizes/economics/laureates/1974/hayek-lecture.html Stand: 19.08.2010